La risa de la Medusa

Manifiesto de 1975

Hélène Cixous

La risa de la Medusa

Manifiesto de 1975

Traducción de Arnau Pons y Marta Segarra

EDICIONES CÁTEDRA
UNIVERSITAT DE VALÈNCIA

Feminismos

Consejo asesor:

Título original de la obra: *Le rire de la Méduse. Manifeste de 1975.*

1.ª edición, septiembre de 2025

Diseño de cubierta: Germán Úcar

PAPEL DE FIBRA
CERTIFICADA

© Editions Gallimard, París, 2024
© De la traducción: Arnau Pons y Marta Segarra, 2025
© Ediciones Cátedra (Grupo Anaya, S. A.), 2025
Valentín Beato, 21. 28037 Madrid
Depósito legal: M-11927-2025
ISBN: 978-84-376-4926-9
ISBN: 978-84-1118-590-5
Printed in Spain

Índice

Nota a esta edición

Este libro recoge por primera vez en castellano el célebre manifiesto poético de Hélène Cixous *La risa de la Medusa*, publicado originalmente en francés en 1975 bajo el título «Le rire de la Méduse». A pesar de su influencia determinante en el pensamiento feminista contemporáneo y en los estudios de género y literatura, este texto no había sido traducido y publicado en lengua española hasta hoy.

En 1995 la editorial Anthropos publicó un volumen titulado *La risa de la Medusa*, que, si bien reunía una cuidada selección de ensayos de Cixous, no incluía el texto homónimo. Esta circunstancia ha generado cierta confusión en torno a su disponibilidad en el ámbito hispano.

Con esta edición se restituye el lugar central que ocupa *La risa de la Medusa* dentro de la obra de Hélène Cixous, ofreciendo al lectorado de habla hispana la posibilidad de acceder por fin, de forma rigurosa, a uno de los textos fundacionales del pensamiento feminista contemporáneo.

La risa de la Medusa

A bordo de este texto, la Medusa se fugó en 1975 y, desde entonces, a través de tiempos de paz y a través de tantas guerras, sigue aleteando

No sé bajo qué cielo llegará en qué siglo si es que llega

¿En qué lengua en qué lenguas se reirá la Medusa? ¿Se reirá?

¿De qué nuevos colores serán las vocales? ¿Las Vocellas? ¿A irá de negro E de azul o de verde y al revés?

¿Habría artículos definidos, pronombres personales? El día en que ella pierda la doble ele de sus alas ya no estaré aquí

¿Dirá algún día a qué hora «ya estamos aquí»?

¿Cuál será su futuro número de teléfono? Y de este modo soñé yo en 2025 que venía un próximo año próximo

La Medusa ladrona volaba

No solo la Medusa no estaba muerta sino que se rejuvenecía todavía más

Hélène Cixous, 2024

Voy a hablar de la escritura femenina: *de lo que hará*. La mujer debe escribirse: que la mujer escriba sobre la mujer y lleve a las mujeres a la escritura —si las han alejado de ella tan violentamente como de sus cuerpos, es por las mismas razones, por la misma ley, con el mismo propósito mortal—. La mujer debe ponerse manos al texto —como al mundo, y a la historia— desde su propio movimiento.

No se debe permitir que el pasado continúe haciendo el futuro. No discuto que los efectos del pasado sigan ahí. Pero me niego a consolidarlos repitiéndolos; a otorgarles una inamovilidad equivalente a un destino; a confundir lo biológico con lo cultural. Urge anticiparse.

Estas reflexiones, al aventurarse por una región que justo está por descubrir, llevan necesariamente la marca del tiempo intermedio que vivimos, ese en que lo nuevo se desprende de lo viejo, y más exactamente la buena nueva de lo viejo. Por eso, como no hay lugar desde el cual instalar un discurso, sino un árido terreno de mil años por horadar, lo que digo tiene al menos dos caras y dos visiones: destruir, romper; prever lo imprevisto, proyectar.

Escribo esto como mujer hacia las mujeres. Cuando digo «la mujer», me refiero a la mujer en su inevitable lucha con el hombre clásico; y a una mujer-sujeto universal, que debe facilitar el advenimiento de la mujer a su(s) sentido(s) y a su historia. Pero hay que decir, ante todo, que, a pesar de la enormidad de la represión para mantenerlas en esa «negrura» que quieren hacerles reconocer como atributo, hoy día no existe una mujer general, una mujer típica. Lo que ellas tienen *en común,* lo diré. Pero lo que me llama la atención es la infinita riqueza de sus constituciones singulares: no se puede hablar de *una* sexualidad femenina, uniforme, homogénea, con un recorrido codificable, como tampoco se puede hablar de un inconsciente similar. La imaginación de las mujeres es inagotable, como la música, la pintura, la escritura: sus flujos fantasmáticos son inauditos. Más de una vez me ha maravillado lo que una mujer me describía de aquel mundo suyo en el que ella merodeaba en secreto desde su más tierna infancia. Un mundo de investigación, de elaboración de un saber, basado en la experimentación sistemática de las maneras de funcionar del cuerpo, en un examen preciso y apasionado de su erogeneidad. Esta práctica, de una riqueza inventiva extraordinaria, en particular de la masturbación, va seguida o acompañada de una producción de *formas,* una verdadera actividad estética, en la que cada momento de placer inscribe una visión sonora, una *composición,* algo bello. La belleza ya no estará prohibida. Por eso deseaba que ella escribiera y proclamara este imperio único. Para que otras mujeres, otras soberanas inconfesadas, puedan gritar: yo también desbordo, mis deseos han inventado nuevos deseos, mi cuerpo conoce cantos inauditos, yo también me he sentido tantas veces llena a reventar de torrentes luminosos, de formas mucho más bellas que las que se venden enmarcadas por una apestosa fortuna. Y tampoco yo dije nada, no mostré nada; no abrí la boca, no re-pinté mi mitad del mundo. Sentí vergüenza. Tuve miedo y me di un atracón de vergüenza y miedo. Me decía a mí misma: ¡qué loca estás! ¿Qué son estas subidas, estas inundaciones, estos arrebatos? ¿Qué mujer burbujeante e infinita *no se ha avergonzado de su poderío,* inmersa como estaba en su ingenuidad, mantenida en el oscurantismo y el desprecio de sí misma por el gran puño paternal-conyugal-falogocéntrico? ¿Quién, sorprendida y horrorizada por esas pulsiones suyas que la remueven y desordenan (porque se le ha hecho creer que una mujer bien ajustada y normal es de una paz... divina), no se ha acusado a sí misma de monstruosa? ¿Quién, sintiendo que se le agitan unas extrañas ganas (de cantar, de escribir, de proferir, en definitiva, de hacer surgir algo nuevo), no se ha creído enferma? Pero su vergonzosa enfermedad es que se resiste a la muerte y por esto da tantos quebraderos de cabeza.

Y tú, ¿por qué no escribes? ¡Escribe! La escritura es tuya, tú eres tuya, tu cuerpo es tuyo, tómalo. Sé por qué no has escrito. (Y por qué no escribí yo hasta los veintisiete años). Porque escribir es a la vez lo demasiado alto y lo demasiado mayúsculo para ti, está reservado a los mayores, es decir, a los «hombres mayúsculos»; es «una tontería». Además, has escrito un poco, pero a escondidas. Y no era bueno, pero porque lo hacías a escondidas, y te castigabas por escribir, no ibas hasta el fondo; o porque escribir, irresistiblemente, así como nos masturbábamos a escondidas, no era para ir más lejos, sino para aliviar un poco la tensión, lo suficiente para que ese demasiado dejara de atormentar. Y después, tan pronto como hemos gozado, nos apresuramos a sentirnos culpables —con el fin de hacernos perdonar—; o a olvidar, a enterrar, hasta la próxima vez.

Escribe, que nadie te retenga, que nada te detenga: ni un hombre; ni una imbécil máquina capitalista en la que las editoriales son los astutos y obsequiosos agentes de los imperativos de una economía que trabaja contra nosotras y a nuestras espaldas; ni *tú* misma.

Los verdaderos textos de mujeres, textos con sexos de mujeres, eso no les gusta; les da miedo; les da asco. La cólera de los lectores, de los directores de colección y de los jefes es lo que domina.

Yo escribo mujer: la mujer debe escribir la mujer. Y el hombre el hombre. No encontraremos aquí más que una reflexión oblicua sobre el hombre, a quien corresponde decir lo que le ocurre en su masculinidad y su feminidad: eso nos concernirá cuando ellos hayan abierto los ojos para verse a sí mismos[1].

---

[1] Ellos, los hombres, todavía lo tienen todo por decir sobre su sexualidad, y todo por escribir. Porque lo que han llegado a enunciar depende, en su mayor parte, de la oposición entre actividad y pasividad, de la relación de fuerza en la que se fantasea con una virilidad obligatoria, invasora, colonizadora, y con la mujer fantaseada como un «continente negro» por penetrar y «pacificar» (ya sabemos lo que significa «pacificar» en términos de escotomización del otro y de incomprensión de uno mismo). Al conquistar uno se aleja rápidamente de sus bordes, perdiéndose de vista y de cuerpo. La forma que tiene un hombre de salir de sí mismo en aquella que toma no por otra sino por suya lo priva, como bien sabe, de su propio territorio corporal. Al confundirse con su pene y lanzarse al asalto, es comprensible que experimente el resentimiento y el temor de verse «tomado» por la mujer, de perderse en ella, de dejarse absorber, o sentirse solo en ella.

Ellas vuelven de lejos: de siempre: de «afuera», de los páramos donde se mantienen en vida las brujas; de abajo, del más acá de la «cultura»; *de sus infancias* que a ellos les cuesta tanto hacerles olvidar, que ellos condenan a una mazmorra. Emparedadas las niñas con sus cuerpos «mal educados». Conservadas, intactas por sí mismas, en el hielo. Frigidificadas. Pero ¡cómo se remueve lo de ahí abajo! Qué esfuerzos tienen que hacer los polis del sexo, una y otra vez, para bloquear su retorno amenazador. Por ambas partes, un tal despliegue de fuerzas que la lucha ha quedado inmovilizada durante siglos en el tembloroso equilibrio de un punto muerto.

*

Helas aquí volviendo de nuevo, las recién llegadas de siempre: porque el inconsciente es impenetrable. Han vagado en círculos en la estrecha habitación de muñecas donde se las ha encerrado; donde se les ha dado una educación descerebrante, asesina. En efecto, se puede encarcelar, ralentizar y lograr durante demasiado tiempo este apartheid, pero solo por un tiempo. En cuanto empiezan a hablar, se les puede enseñar, al mismo tiempo que su nombre y apellido, que su región es negra: porque tú eres África, tú eres negra. Tu continente es negro. Lo negro es peligroso. En lo negro no puedes ver nada, tienes miedo. No te muevas porque te puedes caer. Sobre todo no vayas al bosque. Y así hemos interiorizado el horror de lo que es negro.

Contra las mujeres han cometido el mayor crimen: las han llevado, insidiosa y violentamente, a odiar a las mujeres, a ser sus propias enemigas, a movilizar su inmenso poder contra sí mismas, a ser las ejecutoras de su viril tarea.

¡Les han creado un antinarcisismo! ¡Un narcisismo que solo se ama haciéndose amar por lo que no se tiene! Han fabricado la infame lógica del antiamor.

Nosotras las precoces, nosotras las reprimidas de la cultura, las bellas bocas tapadas con mordazas, polen, alientos cortados, nosotras los laberintos, las escaleras, los espacios hollados; las robadas al vuelo —somos «negras» *y* somos bellas.

Tormentosas, lo que es nuestro se desprende de nosotras sin que temamos debilitarnos: se nos van las miradas, se nos fugan las sonrisas, las risas de todas nuestras bocas, nuestras sangres fluyen y nos esparcimos sin agotarnos, no retenemos nuestros pensamientos, nuestros signos, nuestros escritos, y no tememos estar en falta.

Felices nosotras, las omitidas, las apartadas de la escena de las herencias, nos inspiramos y nos espiramos sin sofoco, ¡estamos en todas partes!

Nosotras las mismas de siempre que han llegado, ¿quién, a partir de ahora, si decimos, podría prohibirnos?

Es hora de liberar la Buena Nueva de la Vieja conociéndola, amándola por librarse de ella, por sobrepasar a la Vieja sin demora, adelantándonos a lo que será la Buena Nueva, como la flecha abandona la cuerda, con un trazo que musicalmente junta y separa las ondas, para que pueda ser más que ella misma.

Digo *que es necesario:* puesto que aún no ha habido, salvo raras excepciones, ninguna escritura que inscriba la feminidad. Tan raras que, surcando las literaturas a través de tiempo, lenguas y culturas[2], solo se puede regresar espantado de esta caza casi inútil: sabemos que el número de escritoras (aunque haya aumentado apenas un poco desde el siglo XIX) ha sido siempre irrisorio. Y saber eso es inútil y engañoso si de esta especie de escribantas no restamos a la inmensa mayoría, cuya factura no se distingue en nada de la

---

[2] Aquí solo hablo del lugar «reservado» a las mujeres en el mundo occidental.

escritura masculina, y que o bien oculta a la mujer o bien reproduce las representaciones clásicas de la mujer (sensible-intuitiva-soñadora, etc.)[3].

Abro aquí un paréntesis: hablo efectivamente de escritura masculina. Sostengo, sin equívoco alguno, que hay escrituras *marcadas;* que hasta ahora la escritura ha sido represiva, de manera mucho más extensa —lo sospechemos o lo admitamos—, y que ha sido gestionada por una economía libidinal y cultural, y por tanto política, típicamente masculina, un lugar donde la represión de las mujeres se ha reproducido más o menos conscientemente, y de manera temible, porque a menudo ha sido ocultada, o decorada con los encantos mistificadores de la ficción; un lugar que ha exagerado burdamente todos los signos de la oposición sexual (y no de la diferencia) y en el que la mujer nunca ha tenido *su* palabra. Esto es tanto más gra-

---

[3] Entonces, ¿*cuáles* son esas escrituras de las que podría decirse que son «femeninas»? Aquí solo voy a nombrar algunos ejemplos: habría que leerlas de modo que hagan surgir en su significación lo que en ellas se propaga de feminidad. Lo haré en otro lugar. En Francia (¿acaso se ha advertido nuestra infinita pobreza en este campo? Los países anglosajones han dispuesto de recursos mucho mayores), cuando se hojea lo que el siglo xx, hasta hoy [1974], ha dejado escribirse, que no es mucho, solo he visto inscrita una feminidad en Colette, Marguerite Duras y... Jean Genet.

ve e imperdonable cuanto que la escritura *es la posibilidad misma del cambio,* el espacio desde el que puede lanzarse un pensamiento subversivo, el movimiento precursor de una transformación de las estructuras sociales y culturales.

*

Casi toda la historia de la escritura se confunde con la historia de la razón, de la que es a la vez su efecto, su sostén y una de sus coartadas privilegiadas. La escritura ha sido homogénea con la tradición falocéntrica, y es incluso el falocentrismo que se mira, que halla placer en sí mismo y se felicita.

Salvo algunas excepciones: porque ha habido —sin lo cual yo no estaría escribiendo (yo-mujer, superviviente)— algunos fallos en la enorme máquina que lleva siglos girando y repitiendo su «verdad». Ha habido poetas que a toda costa quisieron introducir algo heterogéneo a la tradición, hombres capaces de amar el amor; de amar por tanto a los otros y desearlos, de pensar la mujer que se resistiría a ser aplastada y se constituiría como un sujeto soberbio, igual, un «imposible» pues, insostenible en el marco social real: a esta mujer, el poeta solo podía desearla rompiendo los códigos que la niegan. Su aparición ha conducido necesariamente, si no a una revolución —pues el bastión era inmutable—, al menos a explosiones desgarradoras. A veces es en la fractura provocada por un terremoto, en el momento de esta mutación radical de las cosas por una conmoción material cuando todas las estructuras se desajustan por un instante, y un salvajismo efímero barre el orden, cuando el poeta, por un breve intervalo, hace pasar a la mujer: así lo hizo Kleist, hasta el punto de morir por querer que vivieran las hermanas-amantes hijas-maternales madres-hermanas que nunca agacharon la cabeza. Después de lo cual, tan pronto como se vuelven a levantar los palacios de los magistrados, hay que pagar por ello: la matanza inmediata y sangrienta de estos elementos incontrolables.

Solamente los poetas, no los novelistas solidarios de la representación. Los poetas porque la poesía solo existe si cobra fuerza en el inconsciente, y porque el inconsciente, la otra región sin límites, es el lugar donde sobreviven los reprimidos: las mujeres o, como diría Hoffmann, las hadas.

Ella debe escribirse porque es la invención de una escritura *nueva, insurgente* que, cuando llegue el momento de su liberación, le permitirá llevar a cabo las rupturas y las transformaciones indispensables en su historia, al principio en dos niveles inseparables:

a) individualmente: al escribirse, la mujer volverá a ese cuerpo que le han más que confiscado, que han convertido en ese siniestro extraño en casa, en el enfermo o el muerto, y que tan a menudo es el mal compañero, la causa y el lugar de las inhibiciones. Al censurar el cuerpo se censura al mismo tiempo el aliento, la palabra.

Escríbete: tu cuerpo debe hacerse oír. Solo entonces brotarán los inmensos recursos del inconsciente. Nuestra nafta esparcirá, sin dólares sin oro negro, sobre el mundo, valores no cotizados que cambiarán las reglas del juego anticuado.

Escribir, acto que no solo «realizará» la relación des-censurada de la mujer con su sexualidad, con su ser-mujer, devolviéndole el acceso a sus propias fuerzas; le devolverá además sus bienes, sus placeres, sus órganos, sus inmensos territorios corporales que fueron precintados; la arrancará de la estructura super-yoica en la que siempre se le ha reservado el mismo lugar de culpable (culpable de todo, en toda ocasión: de tener deseos, de no tenerlos; de ser frígida, de ser demasiado «caliente»; de no ser ambas cosas a la vez; de ser demasiado madre y no lo suficiente; de tener hijos y no tenerlos; de alimentar y no alimentar...) mediante este trabajo de investigación, de análisis, de iluminación, esta emancipación del maravilloso texto de sí misma que necesita urgentemente aprender a hablar. Una mujer sin cuerpo, una muda, una ciega, no puede ser una buena luchadora. Siempre se ve reducida a ser la sirvienta del militante, su sombra. Hay que matar a la falsa mujer que le impide a la viva respirar. Inscribir el aliento de la mujer entera;

b) un acto que también marcará la *Toma de la Palabra* por parte de la mujer, y por tanto su entrada triunfal *en la Historia,* que siempre se constituyó *sobre su represión.* Escribir para forjarse el arma antilogos. Para convertirse por fin en parte interesada e *iniciadora a voluntad,* por *derecho propio,* en cualquier sistema simbólico, en cualquier proceso político.

Es hora de que la mujer deje su huella en el lenguaje escrito y hablado.

Toda mujer ha experimentado el tormento de llegar a la palabra oral, con el corazón saliéndosele del pecho, cayendo a veces en la pérdida del lenguaje, y el suelo y la lengua que se le escapan, pues para la mujer hablar —incluso diría: abrir la boca— en público es toda una temeridad, una transgresión. Doble angustia, porque, aunque transgreda, su palabra casi siempre cae en los oídos sordos masculinos, que solo oyen en la lengua lo que habla en masculino.

Por eso es escribiendo, desde y hacia la mujer, y aceptando el desafío del discurso regido por el falo, como la mujer afirmará a la mujer de otro modo que en el lugar que le está reservado en y por el símbolo, es decir, el silencio. Que salga de la trampa del silencio. Que no le cuelen como dominios los márgenes o el harén.

Escucha a una mujer hablar en una asamblea (si es que no ha perdido dolorosamente el aliento): no «habla», lanza su cuerpo tembloroso al aire, se *sustrae,* vuela, toda ella pasa a estar dentro de su voz, con su cuerpo sostiene vitalmente la «lógica» de su discurso; su carne dice la verdad. Se expone. En realidad, materializa con su carne lo que piensa, lo significa con su cuerpo. En cierto modo, *inscribe* lo que dice, porque no niega a la pulsión su parte indisciplinable, así como su parte apasionada a la palabra. Su discurso, por muy «teórico» o político que sea, nunca es simple ni lineal, ni «objetivado» generalizado: lleva su historia dentro de la historia.

No hay ese corte, esa división que instaura el hombre común entre la lógica del discurso oral y la lógica del texto, tensionado como está por su antigua, esclavizante y calculadora relación con el dominio. De ahí el discurso mezquino y de boquilla, que solo compromete la mínima parte del cuerpo, además de la máscara.

En la palabra femenina, al igual que en la escritura, nunca deja de resonar lo que, por habernos atravesado antaño, por habernos tocado imperceptiblemente, profundamente, conserva el poder de afectarnos: el *canto,* la primera música, la de la primera voz de amor, que toda mujer mantiene viva. ¿Cómo se da esta relación especial con la voz? Porque ninguna mujer acumula tantas defensas antipulsionales como un hombre. Tú no apuntalas, no edificas como él, no te distancias tan «prudentemente» del placer. Incluso si la mistificación fálica ha contaminado en general las buenas relaciones, la mujer nunca está lejos de la «madre» (que para mí está fuera de todo rol, la «madre» como no-nombre, y como fuente de bienes). Siempre queda en ella al menos un poco de la buena leche-de-madre. Escribe con tinta blanca.

*

Mujer para mujeres: en la mujer se mantiene siempre la fuerza productiva del otro, en particular de la otra mujer. *En* ella, matricial, acunadora-dadora, ella misma su madre y su criatura, ella misma su hija-hermana. Tú me dices: ¿y aquella que es la progenitura histérica de una mala madre? Todo cambiará cuando la mujer dé la mujer a la otra mujer. En ella, latente, siempre dispuesta, hay fuente; y lugar para la otra. La *madre* es también una metáfora: es necesario y sufi-

29

ciente que a la mujer le sea dado lo mejor de sí misma
a través de otra mujer para que pueda amarse a sí misma
ma y devolver con amor el cuerpo que le ha «nacido».
Tú, si quieres, tócame, acaríciame, dame, tú la viviente
sin nombre, misma yo como yo misma. Al igual que la
relación con la infancia (la criatura que fue, que es, que
hace, rehace, deshace, en el lugar donde, misma, ella se
otrea), la relación con la «madre» *en cuanto* delicias y
violencias tampoco se corta. Texto, mi cuerpo: atravesado por flujos que cantan; entiéndeme, no es una
«madre» pegajosa, apegadiza, sino que, cuando te
toca, son las *equívoces,* lo que te afecta, lo que te empuja desde tu seno a venir al lenguaje, lo que lanza *tu*
fuerza; es el ritmo que te ríe; el íntimo destinatario que
hace posibles y deseables todas las metáforas, todo
cuerpo (¿el o los?), no más descriptible que dios, el
alma o el Otro; la parte de ti que entra en ti te espacia
y te empuja a inscribir en la lengua tu estilo de mujer.
En la mujer siempre hay más o menos algo de la madre
que repara y alimenta, y resiste a la separación, una
fuerza que no se deja cortar, pero que deja sin aliento a
los códigos. Vamos a re-pensar a la mujer a partir de
todas las formas y de todos los tiempos de su cuerpo.
«We are all lesbians», nos recuerdan las americanas, es
decir, no rebajes a la mujer, no le hagas lo que te han
hecho a ti.

Puesto que su «economía» pulsional es pródiga, no puede, al *tomar* la palabra, dejar de transformar directa e indirectamente *todos* los sistemas de intercambios basados en el ahorro masculino. Su libido producirá efectos de remodelación política y social mucho más radicales de lo que nos gusta pensar.

Puesto que, de siempre, ella llega, viva, estamos al principio de una nueva historia, o más bien de un devenir de varias historias que se entrecruzan. Sujeta a la historia, la mujer siempre sucede simultáneamente en varios lugares. Ella desgasta la historia unificadora, ordenadora, que homogeneiza y canaliza las fuerzas y que reduce las contradicciones a la práctica de un solo campo de batalla. En la mujer, la historia de todas las mujeres coincide con su propia historia personal y con la historia nacional e internacional. Como luchadora, la mujer forma un solo cuerpo con todas las liberaciones. Su mirada debe ser de largo alcance. No puede ir actuando ahora sí, ahora no. Prevé que su liberación hará algo más que cambiar la relación de fuerzas o mandar la pelota al otro campo; provocará una mutación de las relaciones humanas, del pensamiento, de todas las prácticas; no se trata tan solo de la lucha de clases, que ella lleva a un movimiento mucho más amplio. No es que para ser una mujer-en-lucha(s) haya que salir de la lucha de clases

o negarla; sino que hay que abrirla, partirla, empu-
jarla, llenarla con la lucha fundamental; para impedir
que la lucha de clases, o cualquier otra lucha por la
liberación de una clase o de un pueblo, actúe como
una instancia represiva, como pretexto para aplazar
lo inevitable, la alteración abrumadora de las relaciones de poder y de producción de individualidades.
Esta alteración ya está aquí: en Estados Unidos, por
ejemplo, donde millones de topos están haciendo saltar por los aires la familia y desintegrando toda la
sociabilidad americana[4].

Por fin llega ella, la nueva historia, no es ningún
sueño, pero sobrepasa la imaginación masculina
por una buena razón: los privará de su ortopedia
conceptual, empezando por destrozar su máquina
de quimeras.

Imposible *definir* una práctica femenina de la escritura, de una imposibilidad que se mantendrá como
tal porque nunca podremos *teorizar* esta práctica, ni
contenerla, ni codificarla, lo cual no significa que no
exista. Pero siempre desbordará al discurso regido
por el sistema falocéntrico; ella tiene y tendrá lugar
en otros ámbitos diferentes de los territorios subordi-

---

[4] Aunque esto se da dentro de un cerco económico-metafísico
cuyos límites, porque quedan sin analizar ni teorizar (a menos

nados a la dominación filosófico-teórica. Solo se dejará pensar por aquellos sujetos que hacen estallar los automatismos, los corredores de bordes que ninguna autoridad jamás podrá someter.

*

De ahí la necesidad de afirmar sus ascensos, de mostrar sus accesos, sus vías cercanas y lejanas. Empezando por recordar: 1) que la oposición sexual que siempre se ha hecho favoreciendo al hombre, hasta el punto de reducir también la escritura a sus leyes, no es más que *un límite histórico-cultural.* Hay, habrá cada vez más fuerte y más rápidamente ahora una ficción que producirá efectos de feminidad irreductibles; 2) que es por ignorancia por lo que la mayoría de los lectores, críticos y escritores de ambos sexos dudan en admitir o niegan con rotundidad la posibilidad o la pertinencia de una distinción escritura femenina / escritura masculina. Por eso habitualmente se dirá (rechazando así la diferencia sexual): o bien que toda escritura, en la medida en que sale a la luz, es femenina; o bien lo contrario, lo cual supone decir

---

que cambie algo imposible de prever por ahora), detendrán y bloquearán el alcance del movimiento muy rápidamente.

lo mismo, o sea, que el gesto de la escritura equivale a una masturbación masculina (y entonces la mujer que escribe se recorta un pene de papel); o incluso que la escritura es bisexual, y por lo tanto neutra, expulsando así la diferenciación. Admitir que escribir es precisamente trabajar (en) el entre, interrogar el proceso de lo mismo *y* de lo otro sin lo cual nada vive, deshacer el trabajo de la muerte, es ante todo querer el dos, y lo que es dos, el conjunto de lo uno y lo otro no detenidos en secuencias de lucha y expulsión o de cualquier otra forma de muerte, sino dinamizados al infinito por un intercambio incesante entre uno y otro sujeto diferente, conociéndose y recomenzándose solamente desde el borde vivo del otro: un recorrido múltiple e inagotable de miles de encuentros y transformaciones de lo mismo en lo otro y en el entre, del que la mujer toma sus formas (y también el hombre, por su parte; pero esta es su otra historia).

He precisado: «bisexual, y por lo tanto neutra», en referencia a la concepción *clásica* de la bisexualidad, la cual, al plegarse al signo del miedo a la castración, con la ayuda de esa fantasía de un ser «total» (aunque hecho de dos mitades), quiere eludir la diferencia que se experimenta como operación de pérdida, como marca de una temible seccionabilidad.

A esta bisexualidad fusional, borradora, que pretende conjurar la castración (el escritor que afirma: aquí escribimos bisexualmente, puedes apostar, míralo, que no es ni lo uno ni lo otro), opongo la *otra bisexualidad,* aquella en la que cada sujeto no encerrado en el teatro falso de la representación falocéntrica crea su propio universo erótico. Bisexualidad, o sea, detectar en sí mismo, individualmente, la presencia, diversamente manifiesta e insistente según cada uno o una, de los dos sexos, no-exclusión de la diferencia ni de un sexo, y, a partir de este «permiso» que uno se da, multiplicación de los efectos de inscripción del deseo, en todas las partes de mi cuerpo y del otro cuerpo.

Ahora bien, esta bisexualidad en trance, que no anula las diferencias, sino que las anima, las persigue, las añade, resulta que ahora, por razones históricas y culturales, es la mujer quien se abre a ella y se beneficia de ella: en cierto modo, «la mujer es bisexual». No es ningún secreto para nadie que al hombre se le entrena para aspirar a la gloriosa monosexualidad fálica. A fuerza de afirmar la primacía del falo, y de ponerla en práctica, la ideología falocrática se ha cobrado más de una víctima: como mujer, la gran sombra de ese cetro me ha obnubilado, y me han dicho: adóralo, ese que tú no blandes. Pero al mismo tiempo al hombre le ha tocado este destino tan grotesco y, piénsalo bien, tan poco envidiable de verse reducido a un único ídolo con cojones de barro. Y, como han señalado Freud y sus continuadores, ¡de tener pánico a ser mujer! Porque, si el psicoanálisis se fundó a partir de la mujer, y a partir de la represión de la feminidad (represión que, como demuestran los hombres, no ha tenido tanto éxito) en la sexualidad masculina, el psicoanálisis ofrece un balance que hoy difícilmente se puede refutar; como todas las ciencias «humanas», reproduce lo masculino, del que es uno de sus efectos.

Aquí nos encontramos con el inevitable hombreroca, erguido rígidamente en su viejo campo freudiano, de tal modo que cuando la lingüística lo conceptualiza «de nuevo», Lacan lo mantiene en el santuario del Falo, ¡«a salvo» de *la falta de castración!* Lo «simbólico» existe, tiene poder, nosotras las desordenadoras lo sabemos muy bien. Pero nada nos obliga a depositar nuestras vidas en sus bancos de la falta, a concebir la constitución del sujeto en términos de un drama de repeticiones hirientes, a reflotar constantemente la religión del padre. Ya que no lo deseamos. No damos vueltas alrededor del agujero supremo. No tenemos ninguna razón de *mujer* para jurar lealtad a lo negativo. Lo femenino (los poetas lo han intuido) dice: «*[…] and yes I said yes I will Yes*». Y sí, dice Molly, llevándose al *Ulises* más allá de todo libro hacia la nueva escritura, he dicho sí, quiero Sí.

El «continente negro» no es ni negro ni inexplorable. Sigue inexplorado solo porque nos han hecho creer que es demasiado negro para poder ser explorado. Y porque nos han hecho creer que lo que nos interesa es el continente blanco, con sus monumentos a la Falta. Y hemos creído. Estamos petrificadas entre dos mitos horripilantes: entre la Medusa y el abismo. Habría motivo suficiente para que medio mundo estallara de risa, si esto no siguiera así. Porque el nuevo relevo falo-logocéntrico está aquí, y es militante, va reproduciendo los viejos esquemas, anclado como está en el dogma de la castración. No han cambiado nada: ¡han teorizado su deseo *como si fuese* realidad! Que tiemblen los sacerdotes, ¡vamos a *enseñarles* nuestros ovocablos y nuestros sextículos!

Peor para ellos si se derrumban al descubrir que las mujeres no son hombres, o que la madre no lo tiene. Pero ¿acaso no les conviene tener este miedo? ¿Acaso lo peor no sería, o no es, en realidad, que la mujer no esté castrada y que le basta con no escuchar más a las sirenas (porque las sirenas eran hombres) para que la historia cambie de sentido? Basta con mirar a la Medusa a la cara para verla: y no es mortal. Es bella y ríe.

Dicen que hay dos irrepresentables: la muerte y el sexo femenino. Porque necesitan que la feminidad se asocie a la muerte. ¡Se les pone tiesa a causa del canguelo! ¡Por ellos mismos! Necesitan tener miedo de nosotras. ¡Mira a los temblorosos Perseos cómo avanzan hacia nosotras marcha atrás, cargados de apotropeos! ¡Bonitas espaldas! No perdamos ni un minuto más. Salgamos de aquí.

Démonos prisa: el continente no es de un negro impenetrable. He estado allí a menudo. Y un día allí me encontré felizmente con Jean Genet. Fue en *Pompes funèbres:* él había llegado allí guiado por su Jean. Hay hombres (poquísimos) que no temen a la feminidad[5].

De la feminidad las mujeres lo tienen casi todo por escribir: de su sexualidad, es decir, de esa infinita y móvil complejidad, de su erotización, de las igniciones fulgurantes de tal o cual región ínfima-inmensa de su cuerpo, no del destino, sino de la aventura de tal o cual pulsión, viajes, travesías, rutas, despertares súbitos y lentos, descubrimientos de una zona antes tímida y justo ahora emergente. Cuando la mujer permita a su cuerpo con mil y un

---

[5] Véase Jean Genet, *Pompes funèbres,* en *Œuvres complètes,* vol. III, París, Gallimard, 1953, págs. 185-186.

focos de ardor —rompiendo yugos y censuras— articular la profusión de significados que lo recorren en todas direcciones, entonces ese cuerpo podrá hacer resonar en más de una lengua la vieja lengua materna de un solo surco.

Nos hemos apartado de nuestros cuerpos, que nos han enseñado vergonzosamente a ignorar y a golpear con el estúpido pudor; nos han vendido la moto como si fuésemos idiotas: cada uno amará al otro sexo. Yo te daré tu cuerpo y tú me darás el mío. Pero ¿qué hombres dan a las mujeres los cuerpos que ellas les entregan ciegamente? ¿Por qué tan pocos textos? Pues porque todavía hoy muy pocas mujeres recuperan sus cuerpos. La mujer debe escribir por medio de su cuerpo, debe inventar la lengua inconquistable que rompa muros, clases y retóricas, prescripciones y códigos, debe sumergir, traspasar y superar el último discurso-en-la-reserva, incluido el que se ríe por tener que decir la palabra «silencio», el que aspirando a lo imposible se detiene justo delante de la palabra «imposible» y la escribe como «fin».

Tal es el poderío femenino que, llevándose consigo la sintaxis, rompiendo ese famoso hilo (solo un hilillo, dicen ellos) que sirve a los hombres como sustituto del cordón, sin el cual no gozan, que les asegura que la vieja madre está siempre detrás de ellos, mi-

rando cómo van haciendo falo, tal es el poderío femenino, que sin duda ellas llegarán a lo imposible.

*

Cuando «*Lo* Reprimido» de su cultura y sociedad regresa, lo hace de un modo explosivo, arruinán-
dolo todo *absolutamente,* invirtiéndolo todo con una
fuerza nunca antes desatada, de la misma envergadu-
ra que la más formidable de las represiones: pues al
final de la era del Falo las mujeres habrán sido o ani-
quiladas o llevadas a la más alta y violenta incandes-
cencia. A lo largo de su historia, siempre amortigua-
da, ellas han vivido en sueños, en cuerpos pero acalla-
dos, en silencios, en rebeliones áfonas.

Y con qué fuerza en su misma fragilidad: «fragilidad», vulnerabilidad, acorde con su incomparable
intensidad. Ellas no han sublimado. Afortunada-
mente, pues han salvado su pellejo y su energía. No
trabajaron para construir el callejón sin salida de
unas vidas sin futuro. Habitaron furiosamente estos
cuerpos suntuosos: histéricas admirables que hicie-
ron padecer a Freud tantos momentos voluptuosos e
inconfesables, bombardeando su estatua mosaica
con sus palabras-de-cuerpos carnales y apasionados,
atormentándolo con sus denuncias inaudibles y ful-

minantes, más que desnudas bajo los siete velos del pudor, deslumbrantes. Aquellas que, con una sola palabra del cuerpo, han inscrito el inmenso vértigo de una historia que se desprende como vuela una flecha de toda la historia de los hombres, de la sociedad bíblico-capitalista, son ellas, las torturadas de ayer, las que se adelantan a las nuevas mujeres, aquellas después de las cuales ninguna relación intersubjetiva volverá a ser la misma. Eres tú, Dora, tú, indomable, el cuerpo poético, la verdadera «ama» del Significante. Veremos tu eficacia obrar antes de mañana, cuando tu palabra, con la punta vuelta contra tu pecho, ya no regrese, sino que se escriba al encuentro de lo que es otro.

En cuerpo: mucho más que el hombre invitado al éxito social y a la sublimación, las mujeres son cuerpo. Más cuerpo, por tanto, más escritura. Durante mucho tiempo, fue como cuerpo que ella respondió al acoso, a la empresa familiar-conyugal de domesticación, a los repetidos intentos de castrarla. Aquella que hizo girar diez mil veces siete veces su lengua dentro de la boca antes de no llegar a hablar, o bien eso la mató, o bien conoce su lengua y su boca mejor que nadie. Ahora, yo-mujer voy a hacer saltar la Ley por los aires: estallido posible a partir de ahora, e inevitable; y que suceda, enseguida, *dentro de* la lengua.

No debemos caer en la trampa de un análisis que no haya sabido desprenderse de los viejos automatismos: no hay que temer que el lenguaje esconda a un adversario invencible, porque se trata de la lengua de los hombres y de su gramática. No debemos dejarles un lugar que ya no es solo suyo como nosotras no somos más de ellos.

Si la mujer ha funcionado siempre «en» el discurso del hombre, significante siempre remitido al significante adverso que aniquila su energía específica, que rebaja o amortigua sus sonidos tan diferentes, es hora de que ella disloque ese «en», que lo haga explotar, le dé la vuelta y se apodere de él, que lo haga suyo, comprendiéndolo, llevándoselo a la boca, que le muerda la lengua con sus propios dientes, que se invente una lengua para entrar dentro de ella. Y con qué facilidad, ya lo verás, esta lengua puede, desde ese «dentro» en el que estaba acurrucada y somnolienta, manar en los labios haciéndolos desbordar con sus espumas.

Tampoco se trata de apropiarse de sus instrumentos, de sus conceptos, de sus lugares, ni de querer estar en su posición de dominio. El hecho de que sepamos que existe un riesgo de identificación no significa que vayamos a sucumbir. Dejémoslo a los ansiosos, a la angustia masculina y a su relación obsesiva con el funcionamiento de la dominación, al querer saber «cómo funciona» para «hacer que funcione». No adueñarse para interiorizar, para manipular, sino cruzar de un plumazo, y «robar» el lenguaje de un tirón para «volar» en él.

Volar y *robar* es acto de la mujer, *volar* y *robar* en la lengua, hacerla volar y robar. Del robo, del vuelo, todas hemos aprendido el arte de las muchas técnicas, desde hace siglos solo tenemos acceso a lo que obtenemos robando o volando; hemos vivido del robo, de volar, encontrando pasadizos estrechos, encubiertos, traveseros, para el deseo. No es cosa del azar que «robar» y «volar» se conjuguen juntos, disfrutando de ambos y desconcertando a los agentes del sentido. No es cosa del azar: la mujer tiene algo de pájaro y de ladrón, al igual que el ladrón tiene algo de mujer y de pájaro: él vuela a ser ella, ella roba ser él, helo en ella o hela en él, hételos y hételas acá o acullá, fugaces gozan confundiendo el orden del espacio, desorientándolo, cambiando de lugar los muebles, las cosas, los valores, haciendo pillajes y destrozos, vaciando estructuras, poniendo lo que es propio patas arriba.

¿Qué mujer no ha volado por robar o robado al volar? ¿Quién no ha sentido, soñado, realizado el gesto que frena la sociabilidad? ¿Quién no ha desdibujado y burlado la barra de separación, quién no ha inscrito lo diferencial con su cuerpo, perforado el sistema de parejas y oposiciones, tirado al suelo lo sucesivo, lo encadenado, el muro de circonfusión, a golpe de transgresión?

Un texto femenino no puede no ser más que subversivo: si se escribe, es levantando, volcánicamente, la vieja costra inmobiliaria, portadora de inversiones masculinas, y no de otro modo; ¿no hay lugar para ella si ella no es un él? Si ella es ella-ella, es solo para romperlo todo, para hacer añicos los corsés de las instituciones, para hacer saltar la Ley por los aires, para retorcer de risa a la «verdad».

Porque en cuanto ella se abre *su propio* camino en lo simbólico, no puede evitar convertirlo en el caosmos de lo «personal», de sus pronombres, sus nombres y su pandilla de referentes. Y por una buena razón: ha habido esta larga historia de ginocidio; como bien saben los colonizados de ayer, los trabajadores, los pueblos y las especies sobre los que la Historia de los hombres ha hecho su oro, los que han experimentado la ignominia de la persecución extraen de ella un obstinado y venidero deseo de grandeza; los encarcelados conocen mejor que sus carceleros el sabor del aire libre. *Gracias* a su historia, las mujeres saben (hacer y querer) hoy lo que los hombres no sabrán pensar hasta mucho más tarde:

digo que ella trastorna lo «personal»; puesto que siempre le han arrebatado por medio de leyes, mentiras, chantajes y matrimonios el derecho a sí misma, así como su nombre y apellido, ella ha podido ver más de cerca, en el movimiento mismo de esa alienación mortal, la inanidad de lo «propio», la mezquindad reductora de la economía subjetiva masculino-conyugal, a la que puede resistirse de dos maneras: por un lado, se ha constituido necesariamente como esa «persona» capaz de perder una parte de sí misma sin estar perdida. Pero en secreto, en silencio, en su fuero interno, ella se expande y se multiplica, porque, por otra parte, sabe mucho más de la vida y de la relación entre la economía pulsional y la gestión del ego que cualquier hombre. A diferencia del hombre tan apegado a su título y a sus títulos, a su bolsa de valores, a su cabeza, a su corona y a todo lo que él encabeza, a la mujer le importa un rábano el miedo a la decapitación (o castración), aventurándose sin el temblor masculino en el anonimato, en el que sabe fundirse sin aniquilarse: porque ella es *dadora*.

Tengo mucho que decir sobre la engañosa problemática del don. La mujer no es, evidentemente, esa mujer con la que sueña Nietzsche, que da solamente para sí. ¿Quién puede pensar en el don como

un don-que-toma sino el hombre que querría to-
marlo todo?

Si hay algo «propio» de la mujer, es paradójica-
mente su capacidad para des-apropiarse sin cálculo
alguno: cuerpo sin límite, sin «fin», sin «partes» prin-
cipales, si ella es un todo entero, es un todo compues-
to de partes que son todos enteros, no meros objetos
parciales, sino un conjunto móvil y cambiante, cos-
mos ilimitado que Eros recorre sin descanso, inmenso espacio astral no organizado alrededor de un sol
más-astro que los demás astros.

Esto no significa que sea un magma indiferencia-
do, sino que no monarquiza su cuerpo ni su deseo.
Que la sexualidad masculina gravita en torno al pene,
engendrando este cuerpo (o anatomía política) cen-
tralizado y bajo la dictadura de las partes. La mujer,
en cambio, no se regionaliza a favor de la pareja cabeza-
sexo, que solo se inscribe dentro de unas fronteras. Su
libido es cósmica, del mismo modo que su inconsciente es mundial: su escritura, igualmente, solo puede continuar, sin inscribir ni discernir nunca contor-
nos, atreviéndose a estos cruces vertiginosos de lo
otro, estancias efímeras y apasionadas en él, ellas,
ellos, que ella habita el tiempo necesario para mirar-
los lo más cerca posible del inconsciente, en cuanto
surgen, para amarlos lo más cerca posible de la pul-

sión, y luego más allá, completamente impregnada de estos breves abrazos identificatorios, ella va, y pasa infinitamente. Solo ella se atreve y quiere conocer desde dentro, desde donde ella, la excluida, nunca ha dejado de oír cómo resuena el antelenguaje. Ella deja hablar a la otra lengua de las mil lenguas, una lengua que no conoce ni el muro ni la muerte. A la vida no le niega nada. Su lengua no contiene, transporta, no retiene, hace posible. Allí donde suena a confuso, maravilla de ser de más, ella no se defiende de las desconocidas que se sorprende percibir en sí misma, gozando de su don de alterabilidad. Soy Carne espaciosa y cantarina, a la que se engarza nadie sabe qué yo más o menos humano pero ante todo vivo porque en transformación.

¡Escribe! y Tu texto al buscarse se conoce más que carne y sangre, masa que se amasa, levando, insurrecta, con ingredientes sonoros, fragantes, combinación agitada de colores que vuelan, follaje y ríos que se lanzan a la mar que alimentamos. Ah, hete aquí su mar, me dirá él, el otro que me tiende su cuenca llena de agua de la madrecita fálica de la que no puede separarse. Pero he aquí que nuestras mares son lo que nosotras hacemos de ellas, repletas de peces o sin ellos, opacas o transparentes, rojas o negras, altas o llanas, estrechas o sin orillas, y nosotras mismas somos mar, arenas, corales, algas, playas, mareas, nada-doras, criaturas, olas.

Más o menos vagamente mar, tierra, cielo, ¿qué materia nos echaría para atrás? Sabemos hablarlas todas.

Heterogénea, sí, en su gozoso beneficio es eróge-na, es la erogeneidad de lo heterogéneo; no es ella misma lo que valora, la nadadora aérea, la ladrona. Dispersable, pródiga, ensordecedora, deseosa y ca-paz de otro, de la otra mujer que será, de la otra mu-jer que no es, de él, de ti.

*

Mujer no tengo miedo de otros lados, ni de lo mismo, ni de lo otro. Mis ojos mi lengua mis oídos mi nariz mi piel mi boca mi cuerpo —para— (lo) otro, no porque lo desee para taponarme un agujero, ni para suplir algún defecto mío, o porque me azucen fatalmente los «celos» femeninos; tampoco porque me vea arrastrada, en la cadena de sustituciones que reduce a los sustitutos al objeto último. Se acabó con los cuentos de pulgarcito, del *Penisneid* que nos susu-rraron las viejas abuelas ogresas sirvientas de sus hijos-paternos. Que ellos crean, que necesiten creer, para venirse arriba, que nosotras nos morimos de envidia, que somos ese agujero ribeteado de envidia por su pene, es un asunto suyo inmemorial. No se puede negar (lo comprobamos a nuestra costa —pero también para nuestra diversión—) que es para hacernos saber que se les pone tiesa con el fin de que nosotras (las amas maternas de su pequeño significante de bolsillo) les aseguremos que aún son eso, que todavía los tienen, que los hombres solo se estructuran mediante sus péndolas. En el niño, no es el pene lo que la mujer desea, no es ese famoso cachito en torno al cual gravita todo el hombre. La gestación no se puede asociar, salvo dentro de los *límites* históricos de lo Viejo, a fatalidades del destino, a sustituciones mecánicas que fabrica el inconsciente de una eterna «celosa»; ni al *Penisneid;* ni al narcisismo, ¡ni a una homosexualidad ligada a la madre-que-siempre-está-ahí! Tener un bebé no implica que una mujer, o un hombre, caigan inevitablemente en los mismos esquemas, que reactiven el circuito reproductivo. Si hay riesgo, no hay trampa inevitable: no carguemos a la mujer, bajo el pretexto de la concienciación, con prohibiciones adicionales. Quieres un crío o no lo quieres, *eso es asunto tuyo.* Que nadie te amenace; que al miedo de antaño a ser «atrapada» no le suceda el miedo que satisface tu deseo de convertirte en cómplice de una sociabilidad. Y en cuanto al hombre, ¿acaso también vas a temer que la criatura lo *convierta* en padre, puesto que prevés la ceguera y la pasividad de todos, y por tanto que un crío sea algo más que una mala jugada para la mujer, que engendra a la vez a la criatura — a la madre — al padre — a la familia? No. De ti depende romper los viejos circuitos. Tanto el hombre como la mujer tendrán que abolir la vieja relación y todas sus consecuencias; tendrán que pensar en *lanzar* un nuevo sujeto, lleno de vida, con una desfamiliarización. Des-mater-paternalicemos en vez de privar a la mujer de una época apasionante del cuerpo, con la idea de frenar la recuperación de la procreación. Desfetichicemos. Salgamos de la dialéctica que dice que el buen padre es el padre muerto, o que el hijo o la hija es la muerte de los padres. La criatura es el otro, pero el otro sin violencia, sin pasar por la pérdida, por la lucha. Ya está bien de reanudamientos, de esa fábrica de nudos, siempre por cercenar, de esa letanía de la castración que se transmite y genealogiza. Ya no avanzaremos marcha atrás; no vamos a reprimir algo tan simple como el anhelo de vida. Pulsión oral, pulsión anal, pulsión vocal, todas las pulsiones son nuestras fuerzas buenas, y entre ellas la pulsión de gestación —igual que el anhelo de escribir: un anhelo de vivirse desde dentro, un anhelo del vientre, de la lengua, de la sangre. No vamos a negarnos las delicias del embarazo si nos da la gana; que, por otro lado, los textos clásicos siempre dramatizan, escamotean o maldicen. Porque si hay una represión particular, se encuentra aquí: el tabú de la mujer embarazada, que dice mucho del poder del que parece estar investida; y es que siempre se ha sospechado que, cuando está embarazada, una mujer no solo duplica su valor de mercado, sino que sobre todo *se* valoriza como *mujer* a sus propios ojos, y adquiere innegablemente cuerpo y sexo.

Hay mil maneras de vivir un embarazo; de tener o no una relación de distinta intensidad con ese otro aún invisible. Y si no te apetece, eso no significa una carencia. Cada cuerpo distribuye de manera singular, sin modelo, sin norma, la totalidad inacabada y cambiante de sus deseos. Decide por ti misma dónde te sitúas en el espacio de contradicciones en el que placer y realidad se abrazan. Pon al otro en vida: la mujer sabe *vivir* el desprendimiento; parir no es perder ni aumentarse. Es añadir a un otro a la vida general. ¿Estoy soñando? ¿Me equivoco? Vosotros, los defensores de la «teoría», los sacristanes del amén, los entronizadores del falo (pero no del pene), vais a continuar acusándome de «idealismo» o, peor aún, me echaréis en cara que soy una «mística».

¿Y qué pasa entonces con la libido? ¿Es que acaso no he leído «La significación del falo»? ¿Y qué hay de la separación, de ese pedazo de ti del que para nacer, según dicen, sufres una ablación que tu deseo conmemora para siempre?

¿Y no se ve, por otro lado, en mis textos, que el pene circula, que le doy lugar y atracción? Por supuesto. Lo quiero todo. Quiero estar entera con él entero. ¿Por qué debería privarme de una parte de lo *nuestro*? Así pues, quiero todo lo nuestro. Claro que ella siente envidia, una «en-vida» amorosa, no celosa. No porque esté castrada, sino porque es esa persona disminuida que quiere colmarse, esa persona herida que quiere consolarse y vengarse. No quiero un pene para adornar mi cuerpo. Pero deseo al otro por el otro, todo entero, toda entera; porque vivir es querer todo lo que es, todo lo que vive, y quererlo vivo. ¿Castración? Eso a otros. ¿Qué es un deseo que se origina en una carencia? Un deseo muy pequeñito. La mujer que todavía se deja amenazar por la gran fala, impresionada por el circo de la instancia fálica, dirigido a bombo y platillo por un payaso maestro de ceremonias, es la mujer de ayer. Todavía existen, víctimas fáciles y numerosas de la más antigua de las falofarsas, ya sea porque se han situado en su primera y muda versión, y porque sobre sus cuerpos se alza el anticuado monumento teórico al falo de oro que ellas nunca ven, titanas reclinadas bajo las montañas que con su estremecimiento consiguen erigir. Sea porque están saliendo de su período de *infans* y se ven asaltadas de pronto por los constructores del imperio analítico, y en cuanto formulan el nuevo deseo, desnudo, sin nombre, y feliz de aparecer, ya las tienes atrapadas en el baño por los nuevos viejos, y ¡hop! por el lado menos esperado aparece trajeado de modernidad el demonio de la interpretación que les vende los mismos grilletes, así como otra bisutería de gruesas cadenas, bajo oropeles de significantes: he aquí la segunda versión, la versión «ilustrada», de su púdico envilecimiento. ¿Qué castración prefieres? ¿Cuál te gusta más, la del padre o la de la madre? Oooh, peeero qué liiinda eeeres, niña boniiita, y qué ojiiitos, tooooma, guapiiiita, compra mis gafas y verás como la Verdad-Soy-Yo te dirá todo lo que tienes que creer. Ponlas sobre tu nariz y echa el vistazo del fetichista (que tú eres, porque yo, la otra analista, te lo estoy enseñando) sobre tu cuerpo y el cuerpo del otro. ¿Lo ves bien? ¿No? Espera, que te lo explicaremos todo, y por fin sabrás qué tipo de neurosis te corresponde. No te muevas, vamos a hacerte un retrato para que pronto empieces a parecerte a él.

Sí, todavía hay toda una legión de ingenuas en primer y segundo grado. Las recién llegadas, si se atreven a crear distanciadas de lo teórico, son citadas por los polis del Significante, fichadas, llamadas al orden que se supone que deben conocer; asignadas con artimañas a un lugar preciso de la cadena cuyos eslabones van creciendo siempre en beneficio de un «significante» privilegiado. Nos reensamblan en el hilo que, si no conduce de nuevo al Nombre-del-Padre, para hacerlo más novedoso, nos conduce al lugar que le corresponde a la madre-fálica.

Amiga, ¡cuídate del significante que quiere devolverte a la autoridad de un significado! Cuidado con los diagnósticos que pretenden reducir tu poder generativo. Los nombres «comunes» son también nombres propios que menosprecian tu singularidad encasillándola en la especie. Rompe los círculos; no te quedes dentro del recinto psicoanalítico: da una vuelta, ¡y cruza!

Y si nosotras somos legión, es porque la guerra de liberación solo ha abierto una delgada brecha. Pero las mujeres se apiñan en ella, las he visto, son las que no se dejan domesticar ni engañar, las que no se asustan ante el riesgo de ser mujer.

Ante ningún riesgo, ningún deseo, ningún espacio todavía inexplorado dentro de sí mismas, entre ellas y otras o en otros lugares. Ella no fetichiza, no reniega, no odia, observa, se acerca, intenta ver a la otra mujer, criatura, amante, no para consolidar su narcisismo, ni para comprobar la solidez o la debilidad del amo, sino para hacer mejor el amor, para inventar

El Amor Otro:

Al principio están nuestras diferencias. El nuevo amor osa lo otro, lo quiere, se desvalija en vuelos vertiginosos entre conocimiento e invención. Ella, la-que-siempre-llega, no se queda, va a todas partes, intercambia, es el deseo-que-da. (No atrapada en la paradoja del don que toma; ni en la ilusión de la fusión unitiva. Ya no estamos aquí). Ella entra, entra entre, entre-ella yo y tú entre el otro yo donde uno es siempre infinitamente más que uno y más que yo, sin miedo a llegar a un límite: gozosa de nuestro devenimiento. ¡No acabaremos nunca! Ella atraviesa los amores defensivos, la sobreprotección maternal y las devoraciones: más allá del narcisismo avaro, en el espacio movedizo, abierto, transicional, ella *corre sus* riesgos; más allá de poner en reposo la lucha a muerte, del amor-guerra que pretende representar el intercambio, ella se ríe de una dinámica de Eros que el odio alimentaría —odio: herencia de nuevo, un resto, un sometimiento embaucador al falo—. Amar, mirar-pensar-buscar al otro en el otro, desespecularizar, desespecular. ¿Es difícil? No es imposible: y eso es lo que alimenta la vida, un amor que no se sustenta en el deseo inquieto que se defiende de la carencia y quiere confundir lo extraño, sino que se regocija en el intercambio que multiplica. Allí donde la historia sigue girando como la historia de la muerte, ella no entra. La oposición, el intercambio jerárquico, la lucha por la dominación que solo termina en, al menos, una muerte (un amo-un esclavo, o dos no-amos = dos muertes), todo eso forma parte de un tiempo regido por los valores falocéntricos: el hecho de que siga habiendo un presente no impide que la mujer comience la historia de la vida en otro lugar. En otro lugar, ella da. No «sabe» lo que da no lo mide; pero no da el pego ni lo que no tiene. Da más; sin ninguna seguridad de que recibirá de lo que da algún beneficio, por inesperado que sea. Ella da para vivir, para pensar, para transformar. Esta «economía» ya no puede expresarse en términos económicos. Allí donde ella ama, todos los conceptos de la vieja gestión están superados. Al final de un cálculo más o menos consciente, ella no llega a percibir sus beneficios, sino sus diferencias. Soy por ti lo que quieres que sea en el momento en que me miras como nunca antes me habías visto: a cada instante. Cuando escribo, todos los que no sabemos que podemos ser se escriben desde mí, sin exclusión, sin previsión, y todo lo que seremos nos llama al busquerío incansable, embriagador, insaciable de amor. Nunca seremos recíproca carencia. Nunca nos echaremos en falta.

Colección Feminismos